(Conserver la couverture

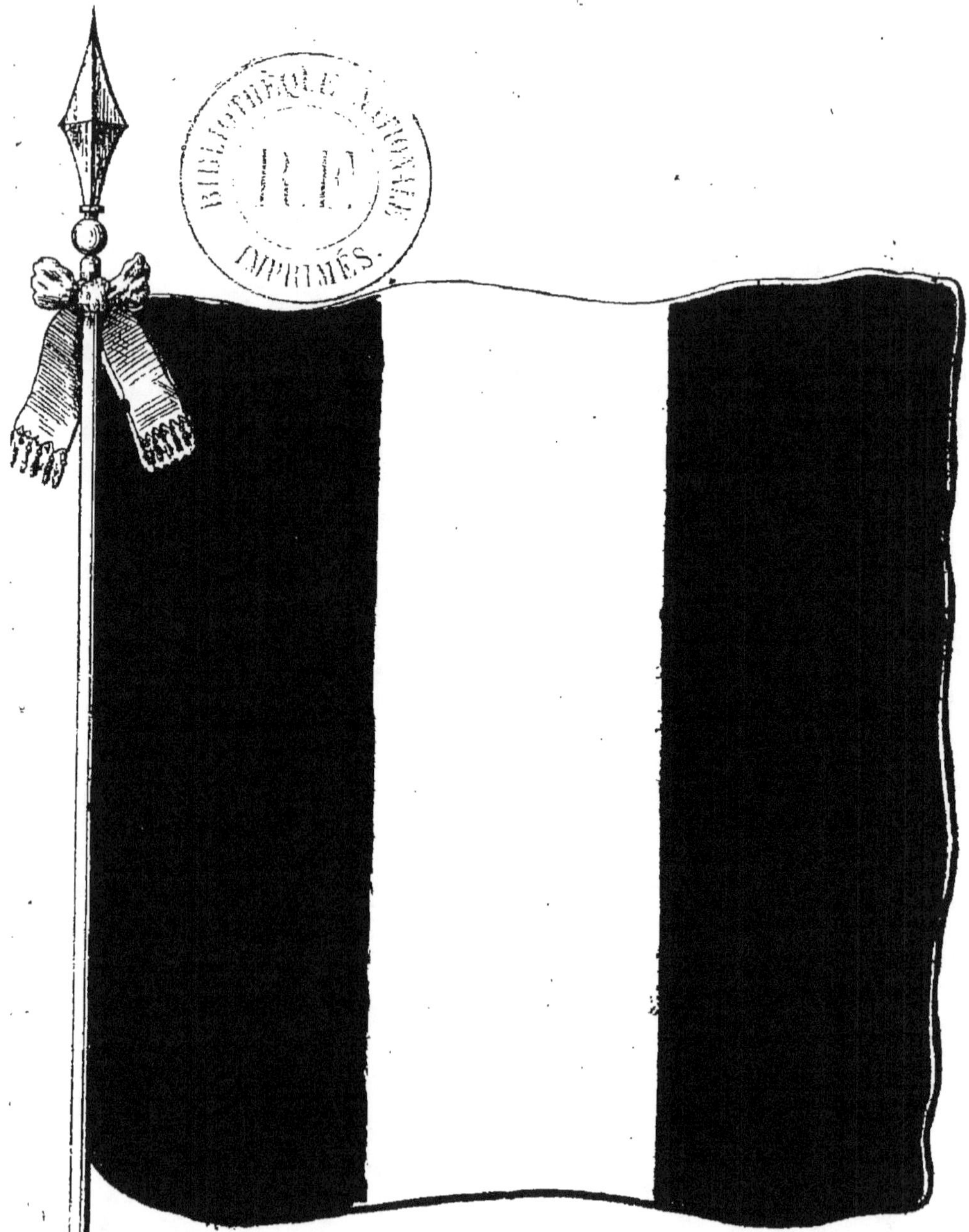

DRAPEAU DE LA FRANCE

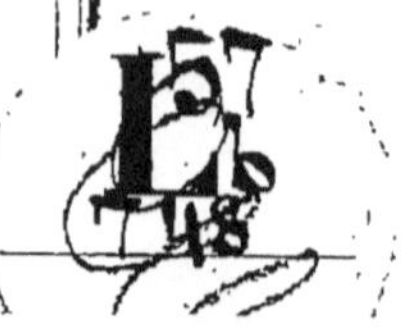

LETTRE

AU COMTE

DE CHAMBORD

LYON. — IMPR. SCHNEIDER FRÈRES.

LETTRE

AU COMTE

DE CHAMBORD

RÉPONSE

A SON MANIFESTE DU 5 JUILLET 1871

CRI DE CONSCIENCE D'UN HONNÊTE HOMME, LYONNAIS

SOMMAIRE. — A qui je dédie ce livre. — Pour les pauvres, poésie. — Lettre au comte de Chambord. — Henri V, jugé par lui-même. — Henri V, révolutionnaire. — Allusion à un homme très-connu à Lyon. — Son secret. — Le comte de Chambord n'est pas père. — Enfance de la République. — Revue rétrospective de tous les Gouvernements en France depuis 93. — Éloges des princes d'Orléans. — Mes conseils. — Le général Cavaignac à Paris. — Le maréchal Castellane à Lyon. — Le Chef du pouvoir exécutif. — Le maréchal Mac-Mahon. — Ce que coûte une révolution. — L'homme de Sedan. — Son Gouvernement. — Gardons la République. — Le vote du 2 juillet. — Un Roi coûte trop cher. — Je convertis le Comte. — Entretien familier avec lui. — Digression humoriste sur Lyon. — Je jette le masque. — Mon histoire. — Ma profession de foi. — Ma vie. — Jugez-moi. — Abrégé du meilleur des Gouvernements. — A mes concitoyens.

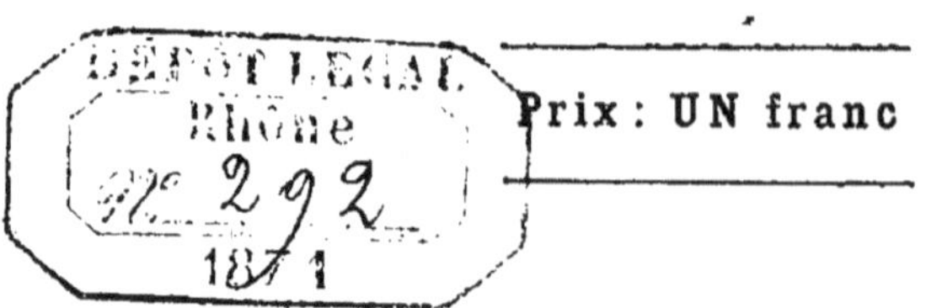

Prix : UN franc

SE TROUVE

CHEZ LES PRINCIPAUX LIBRAIRES

AOUT 1871

À MA MÈRE!

C'est à toi que je dédie ce livre, car c'est à toi que je dois la plus grande partie de mon petit savoir; tu t'es souvent passé de sommeil pour me faire lire, écrire, calculer, analyser, commenter la grammaire.

Tu ne pouvais me donner la fortune; tu me donnas ce que tu avais : l'éducation, malheureusement pendant trop peu de temps. Il y a bien longtemps de cela.

Mais ce que tu avais mis en germe a poussé, a fait plante. J'ai su faire mes affaires et suis, à cette heure, indépendant.

Tu m'as donné un peu de ton âme, de ton cœur qui étaient si purs et si tendres, si accessibles aux souffrances.

Tu es morte en héroïne, martyre de ton dévouement !!!

Tu es partie avec le regret de n'avoir pas terminé tes œuvres commencées. J'ai pris ta place et les ai continuées; tout est terminé, maintenant, au gré de tes désirs; tout va bien.

Dieu m'a envoyé une petite fille, depuis ton départ; elle a deux ans; elle est très-gentille; elle vivra, celle-là.

Nous l'avons nommée comme toi; je souhaite qu'elle ait tes qualités; je l'élèverai bien et lui parlerai souvent de toi.

Tu es près de Dieu; protége nos deux enfants!

Tu as voulu, en mourant, donner une somme d'argent aux pauvres, j'ai observé tes volontés.

Mais si mes premiers pas en littérature sont soutenus, je doublerai la somme à ton intention, cela me portera bonheur.

Tu aimais tant les pauvres, n'est-ce pas?

Adieu! Veille sur nous!

Je suis toujours ton aîné, comme tu te plaisais à m'appeler.

A TOUS MES LECTEURS

ET LECTRICES

POUR LES INONDÉS, S'IL VOUS PLAIT!

Voulez-vous savoir qui je suis ?
Laissez-moi accorder ma lyre.
Je ne suis pas un érudit :
Jugez plutôt par ma satire.

Pardonnez, ce sont mes débuts :
C'est pour faire une bonne action :
Je n'aspire pas au Panthéon,
Je désire seulement être lu.

Je me transforme en mendiant :
Pauvre poète improvisé,
Si tristes sont mes accents,
Ce sont ceux de la Charité !

Je vous tends mon escarcelle :
Donnez, donnez, donnez, donnez,
C'est pour les pauvres inondés
De notre sœur si fraternelle !

Vous, mères, vous la connaissez :
Elle eut bien soin de vos enfants,
Sans elle bien des foyers
Seraient en deuil maintenant.

Aujourd'hui, quelques-uns des siens
Se trouvent dans la nécessité ;
Rendons-leur un peu de ce bien
Qu'elle nous a naguère prêté.

Je te salue, belle Helvétie !
Tu as, ô bonheur suprême !
Rendu bien des nôtres à la. vie.
Je ne te connais pas, mais je t'aime.

Bienfaiteurs de l'Humanité,
Qui que vous soyez, je vous aime :
L'Amour n'a pas de foyer,
La Charité pas de domaine.

Bientôt, notre République
Présidera à tes côtés :
Nous plus grande, toi plus petite,
N'en sera pas moins notre aînée.

Je voudrais pouvoir vous appeler CITOYEN, ou tout au moins MONSIEUR ; le mot Monseigneur est trop long, écorche mes oreilles. Etant d'un tempérament nerveux, très-vif par habitude, je n'aime pas les impossibilités, je n'aime que le VRAI.

Dans une société démocratique, cette désignation est inutile, enfin je parle à un futur prince !

J'emploie donc la formule voulue par le langage de l'académie.

Je ne suis qu'un simple mortel qui n'est ni publiciste connu, ni lettré, mais un bon citoyen.

Permettez-moi de vous dire toute ma pensée, elle est sortie d'un bond du fond du cœur !

« J'ai l'habitude, dans tous les actes de ma vie, de suivre
« toujours le premier mouvement ! jusqu'à présent je ne
« m'en suis pas mal trouvé, c'est une question de ca-
« ractère ! »

D'aucuns me blâmeront, l'opinion générale sera pour moi ; je crois, dans ma sagesse, faire une bonne action.

Je ne sais si vous recevrez ma lettre, je vous l'adresse directement.

Si, comme vous le faites dire, par vos organes officieux, si l'on vous nommait ROI, vous seriez le PÈRE de tous les

Français, vous ne devez pas dédaigner d'accueillir le plus *humble*.

J'OSE DONC :

Il y a quelque temps, je me promenais et, passant devant un libraire, je vis un petit livre, *à enveloppe blanche,* dont le titre m'alCha, comme l'on dit vulgairement ; il portait au frontispice : *A tous les hommes de bonne foi,* pour titre : *Monarchie et République.* Cette petite brochure ne coûtait que quinze centimes, cela m'allait, moi qui aime à m'instruire et ne suis pas *riche.*

Je ne croyais pas que cet opuscule parlait de *Vous.* Je pensais que c'était une appréciation impartiale des deux gouvernements, sans nom propre, simplement de *l'histoire.*

Quel fut mon étonnement de voir votre éloge par plusieurs citations prises dans vos discours publiés, et vos conversations intimes pendant votre *exil.*

Je caressai mon livre entre mes mains et, tout en me promenant, je le savourais jusqu'à la fin.

Le hasard me fit revenir devant le même libraire, je fixais les yeux à la même place où j'avais acheté, quelque temps avant, ma première brochure, je vois un nouveau petit livre intitulé : *Henri V jugé par lui-même* ; je ne pouvais mieux rencontrer, il faisait suite au premier ; dans celui-là il n'y avait que des fragments de vos pensées, dans celui-ci le titre l'indiquait, vous deviez être tout entier.

Je ne payais ce deuxième livre que **10** centimes, je souris en l'achetant, je me dis de suite c'est *de la réclame* en termes polis ; en argot parisien c'est *de la banque.*

Il faut tout connaître, me suis-je dit, voyons, lisons ! Il n'a pas 25 pages, une heure avait largement suffi pour en voir la fin.

Je vous l'avoue, j'y ai trouvé de très-belles paroles, je me disais, que si tout ceci est appuyé sur la foi jurée (la conscience, ce serait très-beau) nous pourrions peut-être nous entendre.

C'est un langage modéré, ce comte a du bon, tout au moins de bonnes intentions.

Pourquoi soupçonnerions-nous sa bonne foi? Mais comme dans la vie politique il y a la *théorie* et la *pratique*, je me suis dit, il a de bonnes pensées, est-ce qu'il ne mourra pas à la peine?

Quand on a toujours vécu dans le bien-être, que l'on n'a pas compris les souffrances de *l'humanité*, peut-on être accessible à ses *douleurs ?*

Ne s'enivre-t-on pas souvent sur les marches du TRONE et ne devient-on pas par la force des choses *despote ?*

Je me rappelais toutes les promesses des PRÉTENDANTS, tous les SERMENTS VIOLÉS, tout ce qu'on peut appeler LA COMÉDIE POLITIQUE. Alors, jugeant en homme *sage,* j'avais pour vous la considération et je vous gardais mon estime.

Je vais vous dire les quelques pensées qui m'ont attaché davantage.

REMARQUEZ QUE JE VOUS CITE !!!

« *Henri V ne sera pas le Roi de l'ancien régime.* »

« Dépositaire du principe fondamental de la monarchie, je
« ne répondrais pas à tous les besoins de la France, *si elle*
« *n'était en harmonie avec son état social, ses mœurs, ses in-*
« *térêts,* et si la France n'en reconnaissait et n'en acceptait
« avec confiance la nécessité. Je respecte mon pays autant
« que je l'aime. »   (23 janvier 1851).

« *Henri V ne sera pas le roi d'un parti.*

« Si jamais la Providence m'ouvrait les portes de la France,
« je ne veux pas être le Roi d'une classe, ni d'un parti, mais le
« *Roi de Tous.* »   (26 août 1844).

« Je ne ramène *que la Religion, la Concorde et la Paix* et
« ne veux exercer de dictature que celle de la *clémence* et
« encore la justice. »   (8 mai 1871.)

« *Je ne suis pas un parti et je ne veux pas revenir pour ré-*

« *gner pour un parti*; je n'ai ni injures à venger, ni ennemis à
« écarter, ni fortune à refaire et je puis choisir parmi les
« ouvriers qui voudront loyalement s'associer à ce grand
« ouvrage. »

(8 mai 1871.)

J'avais donc gardé le souvenir de ces paroles prophétiques
peut-être ! et continuant mon rôle de philosophe, j'appréciai
dans mon for intérieur les hommes et les choses.

Peu de jours après j'étais à dîner en villégiature dans un
joli petit endroit près de Lyon (la Demi-Lune). C'était, je crois,
le 12 juillet.

Le facteur apporte le journal, je le prends ! Qu'est-ce qui
frappe ma première vue : C'EST VOTRE MANIFESTE.

Comme vous étiez dans ma pensée, que nous avions fait
connaissance ensemble les premiers jours du mois de juillet, j'éprouvais un certain plaisir à vous revoir et à vous
souhaiter la bien-venue.

Je lisais votre manifeste avec autant de bonheur que je
mettais d'avidité à bien dîner, ayant fait une longue course à
pied.

Savez-vous ma première pensée, après vous avoir lu ?

Il y a tant de manières de s'exprimer dans la langue
française, qu'elles me vinrent toutes à la fois :

Il fait fausse route.

Il se fourvoie.

Il s'enferre.

Il fait casse-cou.

Il se casse le nez.

Il nous aide.

Vos amis qui sont pleins de mansuétude pour vous et vous
considèrent comme un dieu, diront : Il se trompe. BANALITÉ !

Moi j'appelle les choses par *leur nom*, je ne dis jamais que
la vérité, c'est plus accentué.

Singulier retour des choses ici-bas, un quart d'heure auparavant j'avais pour vous de l'estime, et après lecture du manifeste, J'ÉTAIS ABASOURDI.

Cette phrase malencontreuse *du drapeau* avait fait *tomber* d'un coup trente ans d'abnégation et de DIGNITÉ DANS L'EXIL.

Je me dis, ce n'est encore qu'un *prétendant*, et songez que je me faisais ce raisonnement à moi-même, je dînais *seul !*

« *Français !*.....

« HENRI V NE PEUT ABANDONNER LE DRAPEAU BLANC D'HENRI IV. »

Que de sottises dans ces dix mots !

J'ai sous les yeux une brochure intitulée la *Maison de France*, par le comte de l'Orgeril de Parigny.

Ce *Monsieur* se donne beaucoup de peine pour faire votre éloge, je ne savais pas votre nom, il me l'apprend !

Vous, vous appelez, *Dieudonné, l'enfant du miracle, je ne sais comment le miracle s'est accompli surtout après la mort du père;* je ne recherche pas les mystères, mais je vois, moi, que vous nous payez *d'ingratitude*, et que le premier acte que vous faites, en mettant le pied sur le sol de la France qui vous a ouvert ses portes, est de commettre une mauvaise action, vous vous *parjurez !!*

POUR QUI NOUS PRENEZ-VOUS ?

Vous vous posez en despote, et voulant singer votre ancêtre Louis XIV, vous dites : *L'État, c'est moi !*

Mais songez qu'il y a longtemps de cela, nous ne sommes plus dans le vieux temps où l'on se soumettait à un homme, parce qu'alors une classe gouvernait !

LA NOBLESSE.

Il y avait en haut un tyran, et en bas ?

LA MISÈRE.

Et encore, serions-nous dans ce temps, auriez-vous le droit

de vous égaler à vos ancêtres, n'ayant prouvé par aucun de vos actes ce que vous êtes comme gouvernement?

Vous n'avez donc aucun droit de vous placer ici devant un peuple entier.

Avez-vous donc oublié votre bisaïeul Henri IV, se faisant catholique en disant : *Paris vaut bien une messe.* Mais ce roi galant, ce bon roi, comme quelques-uns l'ont appelé, ce père du peuple qui voulait nous donner la poule au pot, *qui n'a jamais été qu'un* MYTHE, ce roi faisait sa soumission à l'opinion publique, il comprenait que la masse, éminemment religieuse dans ce temps, n'aurait pas voulu de lui sans cela.

IL FIT DONC DES CONCESSIONS.

Ne regrettons pas ces anciens temps, sous Philippe III, où la liberté n'existait pas, *où le roi*, d'accord avec les ministres D'UN DIEU CLÉMENT, croyait le servir en faisant faire une SAINT-BARTHÉLEMY DE HUGUENOTS.

Ah! je vois bien que vous n'êtes que comme le commun des martyrs, sujet à toutes les défaillances humaines, et comme vos prédécesseurs, *l'orgueil* vous perd, au lieu de *concilier;* vous venez, par présomption, JETER LE DÉSARROI DANS VOTRE PARTI, *chez vos amis, que je respecte,* qui, par habitude, souvent de famille, font un culte de la LÉGITIMITÉ !

Vous démoralisez *ces bonnes natures* qui n'ont pour opinion *politique* que *l'indifférence,* qui ne vont jamais VOTER, attendant de la PROVIDENCE le bonheur qui doit leur arriver.

Ces gens *timorés,* sans *boussole,* qui se cachent à la moindre petite *émeute !*

Ces gens sans *indépendance* qui ne sont d'aucun PARTI réel et cachent souvent leur *hypocrisie* sous le voile de la *religion,*

Tous ces mauvais citoyens ne devraient pas porter le nom de *Français,* car le vrai Français est *vaillant,* et ce qu'ils font est synonyme de LACHE ; on l'est toujours quand on cherche UN SAUVEUR.

Nous nous sommes perdus *nous-mêmes* par notre faiblesse.

Sauvons-nous *nous-mêmes !* prenons pour règle l'adage toujours vrai : *Aide-toi, le Ciel t'aidera !*

Tous les *journaux* qui soutiennent votre *cause* disent que la *fusion* est faite ; mais, sans jeu de mot, *c'est la confusion*, et vous voulez avec ces procédés faire *légion* ; alors cette fois je ne souris plus, je ris aux éclats.

PARDONNEZ-MOI UNE DIGRESSION.

Nous avons dans notre ville un *impresario* très-intelligent, je ne dirai pas adroit, ce serait impoli. Chaque année, il donne une série de représentations qui attirent du monde ; il gagne à ce qu'on dit beaucoup D'ARGENT !

Cet homme a, comme Emile de Girardin, une idée neuve par jour.

Toujours du nouveau ! On ne va pas le voir pour son spectacle, il dure si peu (deux heures) ; c'est une distraction entre hommes. Eh bien ! on y va pour rire.

Ce Monsieur sait faire tomber ses HOMMES A VOLONTÉ, et lui, athlète intrépide, ne TOMBE JAMAIS !

Vous, comte de Chambord, vous prétendez gouverner la France, et vous tombez du premier coup !

Depuis longtemps la France cherche un *roi* qui, comme notre *Barnum lyonnais*, ne tombe *jamais* ; on ne le trouve pas, c'est un malheur, je le comprends, il faut se résigner !

« *Savez-vous le secret de cet homme fabuleux ?* Il ne nous « *vole pas* ; il nous en donne toujours pour notre *argent* ; il « est insinuant, souple, élastique ; il nous *flatte* ; il se laisse « *insulter* ; il permet tout dans sa petite *république d'amis* ; il « fait des heureux et n'a pas *d'ennemis.* »

Puisque vous n'avez pas les *vertus* de vous concilier *l'amour* d'un peuple, retirez-vous de la lice ! C'est un bonheur pour nous, un *prétendant de moins !*

Gardez votre drapeau IMMACULÉ ! Retournez dans votre retraite ! Vous serez bien INSPIRÉ !

Car, auriez-vous, à la Chambre DES REPRÉSENTANTS (ce n'est pas), la *majorité*, LE PEUPLE, ne vous voudrait pas, votre *étendard* courrait le risque de se *tacher* dans le *sang* d'une *révolution nouvelle*, ou vivez au milieu de nous en simple citoyen !

Gardez votre *auréole d'exilé !*

Bénissez cette chère RÉPUBLIQUE de vous avoir ouvert les portes de la France, ce qu'aucun gouvernement n'a fait pendant trente ans, pas même vos parents.

ILS SONT TOUS SI FRAGILES, QU'ILS ONT PEUR D'UN HOMME !

La jeune RÉPUBLIQUE n'est pas *marâtre ;* elle aime tous ses enfants comme le PÉLICAN ; elle les entoure de ses soins et les attire à elle. Enfin, c'est un vrai cœur de MÈRE !

Voyons ! *aimez-la,* cette chère ENFANT, et nous serons toujours votre AMI.

Vous n'êtes pas PÈRE, comte de Chambord, vous n'en sentez pas, comme un autre, les *douceurs.* Eh bien ! moi, j'ai eu sept enfants, je puis vous parler *de visu.*

L'ENFANT se présente bien ; elle est de bonne venue ; elle fera, je crois, une belle fille plus tard.

Depuis le jour de sa *naissance,* elle a changé de NOURRICE ; elle avait tant de *parrains* que quelques-uns voulaient l'étouffer ; mais nous avons mis un *Thiers* pour tuteur.

D'après des renseignements puisés à bonne source et ses antécédents, c'est un *brave homme ;* nous avons confiance en lui ; entre de bonnes mains, l'enfant ne peut périr ! Mais, voyez-vous, à un ENFANT AU BERCEAU, il faut de l'air, beaucoup d'air ; il ne faut pas que chacun l'approche, cela gâte son *teint ;* il y en a qui ont l'haleine mauvaise, d'autres donnent des conseils mauvais.

Quand l'enfant tette, il ne lui faut que le lait de *la nourrice,* pas autre chose.

Cette *enfant*, à son entrée dans le monde, a été visitée par plusieurs *empiriques*. Les premiers temps, il ne lui fallait que de *l'eau sucrée*, on lui donna des drogues malsaines.

Il a fallu, après un conseil de *célébrités*, lui donner un contre-poison ou vomitif.

L'enfant n'a que 10 mois à peu près; d'après les lois de la nature, il ne peut marcher seul avant *quinze*, la moyenne.

Eh bien! si on la laisse *tranquille*, elle peut *marcher* à *treize ou quatorze mois*. Il y a donc à peu près TROIS MOIS à attendre: *prenez patience!* Vous la verrez grandir, si tous les *parrains* se décident à lui faire une bonne CONSTITUTION.

PAS DE PRÉJUGÉS! Qu'on l'habitue à digérer toute nourriture *saine*, et qu'elle devienne une bonne lurronne surtout, pour rester à LA CAMPAGNE AU SOLEIL; pas comme ces demoiselles de la ville qui sont toutes efflanquées, parce qu'elles ont été élevées avec des sucreries; elles n'ont que des estomacs de papier.

Faisons-lui un bon TEMPÉRAMENT, si nous voulons qu'elle vive, cette chère enfant!

Les enfants qui sont appelés à gouverner les peuples doivent recevoir l'éducation de bas âge, comme Louis-le-Grand, que l'histoire fait roi à cinq ans; c'est sans doute pour lui faire un règne plus long. C'était bien le cas de dire: *Le roi règne, mais ne gouverne pas!*

Pardonnez-moi cette allusion et revenons à notre chère enfant.

Sitôt sortie des mains de femmes, comme l'on dit, de la nourrice, il faudra penser à son éducation; nous devons la lui donner solide, lui donner un précepteur du XIXe siècle, qui ne cache rien.

La première chose, c'est de ne pas lui cacher son *origine*, bien lui faire comprendre que sa pauvre mère fut lâchement abandonnée par un TRAITRE qui lui emporta toute sa fortune; qu'elle n'a pas de *dot*, qu'il lui faudra *travailler pour vivre*;

qu'elle ne soit pas *dépensière*; enfin, qu'elle est élevée à l'école *du malheur*; lui faire un bon *caractère*, qu'elle soit généreuse, qu'elle ait un BON COEUR.

Qu'elle se fasse aimer surtout des PAYSANS *qui ne la connaissent que par des faux rapports.*

Ils pensent tous qu'elle est méchante; enfin nous lui apprendrons qu'il faut qu'elle se VULGARISE, qu'elle ne soit fière avec *personne*; mais tout cela est beaucoup de science à apprendre pour une *jeune nature*, c'est pourquoi J'INSISTE pour que l'on lui fasse une bonne CONSTITUTION, je ne cesserai de le répéter.

Tous ses frères sont *morts* ou ont été *répudiés* par leur *mère*; *le premier* qui a étouffé *sa sœur* était un grand capitaine, mais il avait *trop d'ambition, trop d'orgueil, trop de caprice,* il fit faillite à *Waterloo,* il est mort malheureux en exil.

Je ne dirai rien du SECOND qui nous a été imposé, c'était un bon *gros homme* et il a si peu *vécu,* que ce n'a été qu'un replâtrage, UNE RESTAURATION.

Le troisième était un *jeune homme* aimant le plaisir et ne tenait pas *le manche de la poêle,* comme l'on dit *en famille.* POLIGNAC lui a fait faire une *omelette,* en lui faisant signer une chose qu'il n'avait pas *lue* et, cependant, C'ÉTAIT SON CATHÉCHISME, il voulait nous mettre *en charte privée.*

Le quatrième BON PAPA ne dépensait guère, mais n'avait pas *de dignité,* c'était un père de famille vrai! *un honnête homme (quoique son père ait signé la mort de Louis XVI)*; mais il aimait trop *sa famille*; il a eu beaucoup *d'enfants*; ses enfants en eurent *beaucoup*; il fallait à chaque naissance une grosse dotation ce qui déplaisait *au peuple.*

IL OBSERVAIT BIEN LES LOIS DE L'ÉGLISE, PAS ASSEZ CELLES DE L'ÉTAT; il a laissé en souvenir de son règne l'*indemnité Pritchard, le pharmacien.*

Il n'y avait que les riches qui votaient! on ne pouvait pas s'instruire! on payait grand comme la main un journal

*5 centimes, ce qui est aujourd'hui grand comme une serviette ;
il fallait que la majorité qui faisait les lois alors soit timbrée
pour faire timbrer de si petites choses !*

Il n'y avait pas le droit de réunion et l'on vous muselait !
IL AURAIT TENU QUAND MÊME !
On était moins avancé en ce temps !

Mais se laissant *gouverner* par son ministre PROTESTANT,
homme capable, mais entêté, trop imbu de principes anciens,
PHILIPPE aurait dû *protester* le premier.

Ce gouvernement est tombé pour n'avoir pas voulu faire
de CONCESSIONS !

Si, en annotant L'HISTOIRE, je blâme Le PÈRE, ne m'en
voulez pas, je suis dans mon droit, à chacun *ses œuvres.*

*Contemporains de ses fils comme Français, je les salue, je
les respecte, je leur souhaite la bien-venue et, s'ils me le
permettent, je leur donne une poignée de mains !*

En 1842 j'avais 18 ans, je me rappelle quand la mort acci-
dentelle du *duc d'Orléans* fut affichée ; je n'étais pas *ferré*
en politique comme *maintenant.*

Sans *patrimoine*, il fallait *vivre* ; je n'avais pas le temps
de lire, mais je me rappelle que généralement on disait beaucoup de bien *de lui,* et je crois que s'il eut vécu *l'héritier* du
trône aurait contrebalancé les volontés de son père et l'entê-
tement de *M. Guizot,* et nous n'aurions pas eu la Révolution
de 1848, qui dans l'esprit de beaucoup de Français, ne
devait être que *la réforme.*

DUC D'ORLÉANS, JE VOUS-SALUE !!
Je sais que le prince de Joinville était un grand amiral.

Que le duc d'Aumale était bon général et vrai soldat, et ce
que j'ai admiré en lui c'est *l'abnégation* qu'il eut en 1848,
recevant en Afrique les nouvelles de la France, afin de ne pas
allumer la guerre civile !

Quant aux autres princes de *la famille,* j'ai sous les yeux
un livre qui m'en parle avec avantage, et qui je crois ne les
farde pas, je crois ce que l'on dit d'eux ; ce que j'aime chez

L'HOMME, *c'est l'homme,* ce sont à mōn point de vue *d'hon-
nêtes gens.*

J'ai souffert intérieurement de voir *ces jeunes gens* exilés
hors de *France, leur pays,* eux qui n'étaient pas responsables
des fautes de leur *père.*

Le chef du Pouvoir exécutif, en prenant l'initiative de
demander par une loi leur *rentrée,* a autant fait que M. de
Lamartine en 1848, en abolissant *l'esclavage* dans nos colo-
nies.

*Espérons qu'à l'avenir il n'y aura plus de loi de salut
public, et que nous pourrons saluer ce nouveau soleil de
liberté.*

Quoi que ce soit, mes AMIS, *comme hommes,* je ne leur
conseille pas d'aspirer au TRONE DE FRANCE, je les en-
gage à garder le *statu quo* et OBSERVER; je crois d'être
PROPHÈTE, l'avenir *le prouvera,* ils doivent A LA RÉPU-
BLIQUE leur rentrée en France, *qu'ils la respectent, la bé-
nissent!* leur rôle doit se borner là, ils *se défloreraient* autre-
ment; d'ailleurs, ils sont RICHES.

Vous voyez, *Comte,* que je ne suis pas tout d'une pièce,
comme l'on dit, que j'écris l'histoire avec *impartialité.* Vous
me rendrez cette justice : Que je suis vrai.

Si vous voulez nous continuerons notre étude :

1848 vient et amène celle que j'appellerai ma seconde
fille ; elle n'était pas *désirée* par la masse des *Français,* la
province a été *ébahie,* elle n'était qu'à l'état de GERME
DANS LES ESPRITS.

VOTRE PARTI LA DÉTESTAIT COMME TOUJOURS ; le
bourgeois et le commerce de Paris n'y tenaient pas, ils trou-
vaient que l'on allait *un peu vite* — une révolution arrête *les
affaires et fait réfléchir,* ils ne s'enthousiasmaient pas, ils lais-
saient faire, la province *fit de même,* les timorés se *cachaient,*
les hardis ne disaient rien, *subissaient* — l'on avait baclé
l'affaire dans TROIS JOURS.

Les onze membres du Gouvernement provisoire étaient très-honnêtes, *mais très-inconséquents en politique.*

Le plus éloquent, M. de Lamartine était *trop lyrique,* c'était un poëte de beaucoup *d'imagination,* mais trop *léger,* ne tenant pas ce qu'*il promettait;* il lança un manifeste aux *peuples* par l'entremise des ambassadeurs à l'étranger, magnifique de *langage,* mais impossible *à tenir;* il a fait comme PIE IX, *au début de son règne, beaucoup promis et rien tenu ; il a eu un plan et voilà tout.*

Son plus bel acte est d'avoir su maintenir le *drapeau tricolore* en risquant *sa popularité et sa vie,* ce seul fait de sa vie politique l'absout *dans l'histoire.*

M. *Ledru-Rollin* était un peu tranchant, allait un peu vite !

M. *Louis Blanc* prêchait, au *Luxembourg,* devant une masse *de peuple, ouvriers,* le droit au travail, erreur ! il *les bernait !*

Comment voulez-vous que l'Etat garantisse le travail à l'ouvrier, quand *le grand manufacturier n'en a pas !!*

Le ministre des *travaux publics,* au lieu d'ouvrir des ateliers publics, aurait dû éviter (s'il le pouvait) de fermer les travaux privés, *c'est donc le contre-sens qui a eu lieu !*

Le peuple avait bien dit qu'il donnait trois mois *de misère au service de la république,* mais le peuple a des enfants, ils ne connaissent de politique *que celle de leur ventre,* il leur faut au moins *du pain,* ils commençaient à ne pas en avoir, tous les ateliers fermant, *on était effrayé; la création des chantiers nationaux,* sans profits pour le gouvernement, *fut une bévue;* le même argent versé dans l'industrie privée, prêté pour le travail national, *aurait fait des miracles ! Tandis* qu'au chantier l'on nourrissait *des fainéants* et les mauvais *sujets, agents du bonapartisme, préparaient la réaction pour les journées de juin.*

Les autres membres du gouvernement formaient un tout qui n'avait pas de liens !

Quoique plein de *bonnes intentions,* le gouvernement fut *débordé,* il remit entre les mains d'un soldat *tous ses pouvoirs.* Ce soldat, dont le frère avait laissé de bons souvenirs de républicanisme, se souvint trop QU'IL AVAIT ÉTÉ EN AFRIQUE, et voulut sans *sommation, ni prévoyance,* renouveler les scènes atroces *commises par le général Pélissier,* qui faisait mettre *le feu dans un gourbi rempli d'arabes,* qui, quoi que l'on en dise, sont des hommes *comme nous ;* il ne s'est pas assez souvenu qu'il était *soldat et homme avant tout,* que l'humanité devait parler ; il a laissé monter *l'émeute* sans prendre les précautions de prévoyance usitées en pareil cas.

AVAIT-IL UNE ARRIÈRE-PENSÉE ? QUELQUES-UNS L'ONT DIT, disant comme tous les *bourreaux* j'ai sauvé l'ordre, j'ai droit à la *reconnaissance,* AUSSI S'EST-IL POSÉ EN CANDIDAT POUR LA PRÉSIDENCE !

Généralement, le commerce, en province comme ailleurs, lui a donné ses voix. Je me rappelle à Lyon, au moment du vote, l'on s'accostait dans la rue et on disait : Pour qui votons-nous ? (LES NÉGOCIANTS) *Votons pour Cavaignac !* il a *sauvé l'ordre.* Voilà toujours le refrain !

Son concurrent, qui avait le nom de son oncle pour drapeau, *l'ambition d'un despote, l'âme d'un aventurier, l'astuce d'un voleur, le regard fauve d'une hyène, la dissimulation d'un parjure,* avait beaucoup d'amis qui le prônaient partout *sans conviction, par intérêt,* et ayant une fortune à faire ou à refaire, *en se cramponnant à lui.*

La campagne fut *chatoyée* et nos pauvres naïfs paysans, qui croyaient à lui comme *au bon Dieu,* parce que M. le *Mare* ou le *Curo* leur disaient : *Votez ainsi !* a fait pencher la balance dans l'urne pour L'HOMME DE SÉDAN.

Le général n'a pas eu de *veine* de ce côté-là ; le suffrage avait parlé, il devait *s'y résigner ;* mais, s'il eût été plus prévoyant dans la *répression,* il n'aurait pas attaché à sa mémoire et à son nom le titre populaire *de boucher de Paris !*

J'ai bien mieux aimé notre MARÉCHAL CASTELLANE, A

LYON, qui, quoique *original* et soldat, a su, en 1832, maintenir l'ordre à Lyon, sans effusion DE SANG, en casernant *les troupes*, en formant *les faisceaux* et en appuyant sa démonstration par un étalage d'engins de guerre sur notre jolie *place Bellecour*. Je crois que sa *gloire* en vaut bien *une autre*.

« A mon point de vue de simple mortel, je ne considère
« pas le métier de soldat comme UN ART, mais comme un
« devoir de nécessité appelé à disparaître *d'un moment à*
« *l'autre*, quand nous n'aurons plus *de méchants* à com-
« battre, et que tous les citoyens seront *des hommes*. »

J'ai bien mieux compris *notre honorable chef du pouvoir exécutif* et son *bras droit, le maréchal Mac-Mahon*, usant du moyen de répression, après sommation et règle ordinaire de l'humanité, et comme l'on dit à CORPS DÉFENDANT.

« Mais s'il m'était permis de donner un conseil à cet
« illustre homme d'État, qui tient provisoirement le gou-
« vernail, je lui crierai autant que j'aurais. de poumons :
« *Clémence! clémence! clémence!* IL Y A BIEN DES MOU-
« TONS DE PANURGE DANS LA MASSE. ÉCLAIREZ-VOUS!
« Vous défendez *la société*; mais encore une fois : *Clé-*
« *mence!* Faites paraître L'ARC-EN-CIEL. UNISSEZ VOS
« ENFANTS, VOUS ASSOIREZ LA RÉPUBLIQUE. »

Excusez-moi si ma digression est un peu longue.

Je ne croyais qu'effleurer ce sujet, et mon *inspiration est venue au courant de ma plume sans désemparer comme un jet.*

HUMANITÉ! JE T'AIME, PARCE QUE J'AI SOUFFERT.

POURQUOI DIEU T'A-T-IL CRÉÉE IMPARFAITE?

POURQUOI EST-CE QU'IL Y A TOUJOURS DES MÉCHANTS!

L'insurrection de Paris, en juin 1848, a causé la mort d'un digne *archevêque* venant porter *l'olivier* du pardon, la mort du général Bréa, assassiné lâchement.

Je crois que, dans ce temps, il y avait déjà *des communards*! et Négrier et les *quatre autres* et tous les simples soldats ou citoyens défendant la société. Voilà ce que coûte *une émeute dégénérée en révolution.*

_ Je reviens à l'histoire de l'HOMME DE SEDAN, comme on le qualifie maintenant CHEZ LES CLASSES ÉLEVÉES; le peuple l'appelle simplement *Badinguet,* moi je l'appelle TOUT BONNEMENT : UN LACHE !   ·

Notre homme, investi des pouvoirs du PEUPLE, et ayant juré fidélité A LA CONSTITUTION, *qui est l'évangile politique,* de maintenir la RÉPUBLIQUE, et voyant que la petite grandissait *en âge et en sagesse,* que l'on y prenait GOUT, comprit qu'il n'était pas assez payé pour pouvoir *payer ses dettes et tous les gens qui lui avaient aidé à faire* VOTER *pour lui !* Il préméditait son 2 *décembre, parodie du* 18 *brumaire de son oncle* ; il voulait l'imiter, l'imbécile ! Mais il n'était qu'un *pupazzi* en comparaison. Le GRAND NAPOLÉON a été AU-DEVANT DE LA MORT et lui, LE PETIT, n'a été qu'au-devant de la vie !

LA PROVIDENCE a ses décrets *et moi, un croyant,* je crois qu'elle veut, en lui laissant la vie, le faire mourir par le remords, pour le punir du mal qu'il a fait à la France.

DIEU EST JUSTE, IL Y EN A UN !

.« Son règne n'a été que CORRUPTION, il se soutenait en
« engraissant avec nos sueurs les gens qui voulaient vendre
« leur *conscience, depuis le ministre jusqu'au garde-cham-*
« *pêtre.*

« Il a abusé du crédit que nous, naïfs de *Français,* nous lui
« avions accordé, n'aimant pas à CHANGER ; car on ne
« change jamais *sans secousse.*

« Et il a laissé *la France* dans le plus piteux état; il l'avait
« pourrie.

« Sentant son trône vermoulu, *après avoir séché les caisses*
« *de l'Etat,* il s'est gardé une poire pour la soif; il avait pris
« ses précautions, l'on LUI DONNE 800 MILLIONS, le
« pauvre HOMME ! »

Il avait commencé avec des dettes !

Comme un *négociant* qui perd son *crédit* et qui en arrive *aux expédients* voulant cacher sa *position*, il a voulu jouer au soldat, son bras était fait pour tenir UNE CIGARETTE ET NON UNE ÉPÉE, mettant·des bâtons dans les *roues*, et par son pédantisme *d'incapable*, voulant contrecarrer les hommes du métier qui avaient fait leurs preuves; *il s'est suicidé d'un seul coup. Et a, comme a dit Bismarck, enterré son oncle, deshonoré son fils qui n'en peut MAIS, et livré son NOM au pilori de l'HISTOIRE.*

FRANCE, TU NE PÉRIRAS PAS, DIEU NOUS PROTÉGE!

Vous voyez, mon cher Comte, que nous sommes prédestinés et devons garder ce que nous avons, et nous ferons bien.

Et d'ailleurs vous êtes un peu FATALISTE, vous croyez un peu à votre ÉTOLE, c'est votre TALISMAN, il y a longtemps que nous désirons ce GOUVERNEMENT.

Vous rappelez-vous de PIERRE L'HERMITE, au temps des croisades, quand il emmenait les preux chevaliers pour conquérir la TERRE-SAINTE? il grossissait tout le long de sa route ses phalanges, et en criant alors : *vox populi, vox dei.*

La position est la même aujourd'hui, le peuple le veut, DIEU LE VEUT!

Nous n'avons plus que quelques cent mille paysans à *convertir*, si *MM. les gens lettrés*, COMME LE MAIRE, LE MAITRE D'ÉCOLE, LE CURÉ, veulent nous donner un petit coup DE MAIN; nous sommes sûrs d'ici aux prochaines élections d'opérer la *cure*, ce sera, ma foi, une cure *merveilleuse.*

Eh! eh! ils n'ont déjà pas mal marché au 2 juillet; ils vont bien nos ruraux, mieux que leurs députés. Enfants, vous avez bien voté, une bonne leçon à la droite, appuyez toujours sur la gauche et allez toujours. Bravo, encore un peu comme cela, la France est sauvée!!!

Comte je vous ai ouvert MON COEUR TOUT ENTIER, vous avez touché la plaie du doigt, vous voyez le mal, hé bien, aidez-nous à la guérir !

Causons encore un peu ; de la discussion jaillit la lumière.

Vous voyez que notre pauvre *France* n'est pas RICHE, pour le moment elle a été saignée *à blanc par les Allemands,* elle a pris un *engagement, elle est honnête,* elle ne veut pas faire FAILLITE en laissant protester sa *signature* comme sa sœur qui créa *les assignats* et ruina beaucoup de nos grands-pères qui y avaient confiance.

ELLE NE PEUT SE DONNER LE LUXE D'UN ROI, C'EST TROP CHER.

C'EST UNE BRAVE FILLE, elle a une bonne réputation.

« Vous savez qu'elle a emprunté dernièrement pour payer « et qu'elle a trouvé beaucoup d'argent, elle a payé un peu « cher, il est vrai, 7 0/0, tout compris. »

POUR UN PREMIER CRÉDIT, C'EST UN PEU ÉLEVÉ, en l'état normal l'on doit le trouver à 5 en moyenne, si l'autre, qui est en Angleterre ou ailleurs, ne l'avait pas sucée jusqu'aux os et n'avait pas fait *banqueroute.*

Elle aurait pu faire de grandes économies ; enfin, pour rester honnête, il faut payer n'importe *à quel prix.*

L'on ne pouvait mieux faire, c'est une bonne leçon que l'on devrait vulgariser à outrance chez tous *les tièdes,* et il n'en *manque pas.*

Que tous les *citoyens* qui ont l'amour de leur *pays* fassent de la *propagande,* surtout dans chaque *village ;* tous les dimanches une conférence *d'une heure,* dans la salle de la mairie, fera plus que tous les discours politiques qui n'arrivent pas jusqu'au peuple *illettré,* et qui, bien souvent, ne lit pas ou *peu.*

L'éducation politique se fera petit à petit.

Nous ferons de nouveaux adhérents, et sans nouvelles secousses nous fonderons *un gouvernement durable, qui deviendra éternel.*

Il ne faut pas être bien savant, avoir l'amour de L'HUMANITÉ POUR GUIDE et le feu sacré de l'amour de son pays,

Le premier venu peut faire cela.

Il ne faut pas comme *Danton* disait : DE L'AUDACE ; mais
DU CŒUR, DU CŒUR !

COMTE, MONTREZ L'EXEMPLE, COMMENCEZ !

« Faites tomber vos oripeaux, jetez-moi cette vieille défro-
« que qui est trop lourde, redevenez CITOYEN et nous
« VOUS AIMERONS. »

Tenez ce mot de *citoyen* me met sur la voie et me fait
souvenir d'une chanson *populaire* qui se chantait en qua-
rante-huit, j'étais jeune et je me passionnais déjà pour la
politique ; je me rappelle surtout d'un couplet qui parlait
de vous autant bien que je puîs m'en rappeler, le voici :

> Les courtisans, cette tourbe de traîtres,
> Te voyant roi troubleraient ta raison.
> Ces serviteurs qui perdent plus d'un maître,
> Dans ton cœur pur verseraient leur poison.
> Du citoyen, prends le titre honorable,
> Fais-toi Brutus en dépit de Tarquin,
> Dût le clergé t'abandonner au diable.
> Henri, mon vieux, fais-toi républicain (*bis, bis, bis.*)

Je me rappelle que cette poésie populaire eût beaucoup
de succès alors. En la reproduisant elle a encore *sa saveur*,
je n'ai pu m'empêcher de la faire revivre, grâce à ma mémoire, car heureusement j'en ai *beaucoup*.

Vous me pardonnerez la liberté que je prends avec vous ;
comme je vous considère presque comme MON ÉGAL, je
pense vous avoir *converti* ; quand vous m'aurez lu entièrement,
alors vous ne m'en voudrez pas.

Eh ! puis le LYONNAIS est du pays de GUIGNOL, il aime
à rire un peu, à dire des GANDOISES ; *mais il est bon, très-
bon au fond !*

Vous savez que nous avons votre ANCÊTRE sur la place
Bellecour, que la révolution a respecté *quand même, c'est un*

homme en bronze ; il a un très-beau *cheval* ; il ne peut pas faire du mal, il ne peut que nous faire *honneur*.

Quand j'étais petit, bien petit, je l'appelais le cheval de bronze, maintenant je l'appelle LOUIS-LE-GRAND.

Nous avons aussi HENRI IV, avec un numéro de moins votre *homonyme*, il est en pierre sur la préfecture, nous le respectons encore, et cependant nos réformateurs lyonnais n'ont pas laissé la même chance au GRAND NAPOLÉON, suffit qu'il avait un neveu, *franchement c'est bête*.

Il est vrai que cette statue avait été faite sous l'empire par un homme qui était je crois ministre des *Beaux-Arts*, alors son nom finissait comme un évêque, je ne pourrais pas le prononcer, Ninquervèque, *je crois*, et bien franchement pour un ministre des *Beaux-Arts*, il a fait un four complet, en fait que d'art c'est un vrai *Dumolard, il a étranglé son art ;* ça semblait *un gringalet à cheval sur une haridelle de chez Laracine.*

Il avait sans doute demeuré dans le quartier, dans le temps qu'il y avait le marché aux chevaux ET QU'ON RAPE-TISSAIT LES GENS, quartier appelé populairement *Chara-bara* ; il avait tant rapetissé LE GRAND NAPOLÉON que ça semblait un pioupiou de première année.

Ça me faisait mal, vrai, et tout le monde disait comme moi !

SI ON LE REFAIT, ÇA M'EST BIEN ÉGAL !

Je voudrais qu'on le donnât à refondre à un fondeur des-cendant de celui qui a fait LOUIS XIV et non à un ÉVÊQUE, c'était pas son état à cet homme.

Il s'en faisait encore PIRE sous L'EMPIRE, pardonnons lui !

Vous voyez que pour un GONE de Lyon, je ne suis pas méchant, encore UN GONE DE SAINT-GEORGES.

Ce quartier St-Georges est si délabré, que depuis que je suis au monde on l'a presque laissé sans RÉPARATION, qu'on y trouve toujours le même monde, beaucoup de CANUTS parce que le loyer n'est pas cher, l'on vous fait des baux à perte de vue !

J'en connais qui habitent le même appartement depuis trois générations ; et puis on se connaît si bien qu'on ne se méfie pas.

Enfin c'est de BRAVES GENS *un peu bavards* comme vous voyez par votre SERVITEUR, *mais qui sont francs comme l'or,* VOILA !

MAINTENANT JE VAIS JETER LE MASQUE ET ME DÉVOILER, il faut que vous me connaissiez bien.

Je ne suis pas un *pamphlétaire* qui travaille par intérêt, ou un de ces *écrivains* qui prennent la robe *d'écrevisse* pour vivre.

La conscience n'étant pour rien dans leur PENSÉE, ils se vendent au plus OFFRANT.

Je suis simplement un petit rentier, ayant trop de santé pour ne rien faire du tout, *il faut que mon esprit s'occupe.*

Ceci est mon premier début en littérature, je le dédie à MA MÈRE à qui je dois une partie de mon petit savoir.

Je le place sous la protection de Dieu qui m'a donné l'initiative et l'intelligence.

J'en donnerai le profit AUX INONDÉS DE LA SUISSE, parce que *j'ai eu un frère* dans la deuxième légion du Rhône qui était moins que GUERRIER, et qui est parti au premier appel ; il a fait son devoir.

Il s'est trouvé dans la grosse affaire de NUITS et ailleurs, il m'est revenu très-fatigué d'HÉRICOURT, heureusement il va bien maintenant.

Grand Dieu je te bénis ! tu as couronné mon ouvrage ; ma MÈRE DOIT ÊTRE HEUREUSE, C'ÉTAIT SON BENJAMIN, MERCI ! MERCI !

Je ne suis pas de votre PARTI à vrai dire, je ne suis *d'aucun,* je suis philanthrope, ce qui est synonyme de RÉPUBLICAIN RÉFORMATEUR, pas RÉVOLUTIONNAIRE, HOMME DE PROGRÈS !

Comme DIOGÈNE, je cherche un HOMME.

DÉGENAIS MODERNE, je flagelle *le vice en haut comme en bas.*

Ayant toujours vécu dans l'obscurité d'un simple commerçant, si je me suis décidé à descendre dans la LICE, A COMBATTRE DANS L'ARÈNE POLITIQUE, c'est comme je vous le disais en commençant, mon cœur a BONDI, mon âme s'est *révoltée*, voyant toutes les turpitudes humaines ; comme *le Jocelyn* de Lamartine j'ai été éclairé subitement.

Comme saint Louis voyant apparaître une croix, un jour d'une grande bataille, je me suis dit : *Tu vaincras!*

Voulez-vous que je vous dise la vérité, vous m'avez fait ce que je suis : HENRI V, J'AIME MON PAYS !

Vous avez vécu dans un château, moi dans une mansarde.

Vous n'avez rien fait de vos bras, moi j'ai toujours travaillé.

VOICI MON HISTOIRE, ce n'est pas un roman.

Elle est véridique et peut se contrôler.

Né d'une famille de *prolétaires* et l'aîné de *sept enfants; à huit ans je travaillais,* à douze ans je ne coûtais rien à mes parents.

A QUINZE ANS JE LEUR AIDAIS.

A dix-sept ans, j'étais chef de commerce, comme l'on dit patron, je gouvernais déjà les hommes.

J'ai près de dix lustres aujourd'hui.

J'ai donc régné trente ans, plus qu'aucun prince français du XIX⁰ siècle.

J'ai beaucoup travaillé et mis en pratique, je n'ai pas fait d'apprentissage, *ma théorie a été mon initiative.*

Je me suis émancipé SEUL, et n'ai jamais rien demandé à personne.

L'ON M'A PRÊTÉ LA MAIN, MAIS J'AI TOUJOURS RENDU !

Pionnier moderne, quand j'ai eu peu je me contentais de peu.

Quand j'ai eu davantage, j'étais fier de moi : Je l'avais gagné !

Je n'ai que l'auréole du roi d'Ivetot, (qui, selon Béranger) :

> Se levait tard, se couchait tôt,
> Dormait fort bien sans gloire,
> Changez le tard avec le tôt
> Vous saurez mon histoire.

A rebours des *rois de* FRANCE, je ne me suis pas laissé *détrôner*.

Et en contre-sens DE L'EMPEREUR, JE N'AI JAMAIS ÉTÉ LACHE.

La fortune qui me fait vivre m'appartient, elle est le fruit de mon labeur de 35 ans.

COMME BÉRANGER, JE NE VEUX RIEN ÊTRE.

JE M'APPARTIENS DONC ENTIÈREMENT !

Depuis que je suis HOMME, j'ai détesté, du fond de mon COEUR, SANS JAMAIS CONSPIRER, tous les gouvernements qui se sont succédé, parce qu'ils n'ont jamais rempli leurs PROGRAMMES.

Chaque RÉVOLUTION nous a donné UN LAMBEAU DE LIBERTÉ, que nous avons ARRACHÉ, mais qui ne nous a pas été OCTROYÉ.

Tous *les gouvernements* ont pris *le peuple français* pour une VACHE A LAIT et l'ont sucé jusqu'à la dernière goutte.

J'ai toujours payé *mes impôts,* je n'ai donc pas aidé à les *démolir.*

Je ne paie maintenant que 3 fr. 75, une simple cote personnelle, je ne veux jamais lui-faire banqueroute pour si peu, je suis donc bien *indépendant.*

J'ai pris pour règle : *faire bien, laisser dire.*

VOICI MA PROFESSION DE FOI :

Homme d'action par habitude, énergique par *tempérament*
entêté par *conviction*, ne pliant pas devant *mille*, si je suis
dans *mon droit* ; *observant l'axiome* : il n'y a pas de loi au-
dessus.

La vérité est toute nue, je l'aime !

*Ennemi de tous les vices ! n'aimant pas la partialité,
encore moins l'injustice ! Comme morale,* je suis l'Evangile ;
comme croyance, j'aime DIEU. Je ne serai jamais athée,
ayant reçu dans mon bas-âge les principes et les bons
exemples d'une mère religieuse ainsi qu'une partie de mon
petit savoir.

VOICI MA VIE :

Ayant quitté l'école gratuite à 10 ans, il fallait travailler
pour vivre alors, je m'en *rappelle,* pour acheter du pain NOIR,
dit à-tout, qui coûtait 25 centimes le kilog, comme on disait
jadis, 2 sous et demi la livre.

Il y a eu des jours que nous n'en avions pas, l'on mangeait
des pommes de terre en robe de chambre avec du fromage
blanc dessus. Dame ! il fallait vivre.

Nous demeurions près de la Saône, la boisson ne m'a jamais manqué.

Élevé à l'école du malheur, j'ai pris du cœur pour m'éman-
ciper rapidement.

J'ai été homme de BONNE HEURE.

Sitôt que j'ai pu assurer mon NÉCESSAIRE, j'ai partagé
mon SUPERFLU ; je n'ai jamais aimé L'ARGENT POUR
THÉSAURISER

Je n'ai jamais EU D'HÉRITAGE, j'ai bien souvent donné
à des ingrats, *je n'ai pas usé de représailles.*

Leur punition est le remords, et, pratiquant la charité, je me
suis dit : DIEU LES JUGERA.

J'ai manié bien des caractères, J'AI DISSÉQUÉ L'HUMA-
NITÉ.

Je n'ai pas trouvé LA PERFECTION, *je ne leur ai jamais
jeté la pierre, disant en moi-même, on ne s'est pas fait.*

J'ai vu des gens lancés dans LA LIGNE DROITE, prendre LA LIGNE COURBE.

D'AUTRES DÉBUTANT DANS L'ORNIÈRE, ARRIVANT AU CAPITOLE !

J'ai vu que nous étions, nous, Français, très-superficiels et légers.

Que nous aimions beaucoup être EN TUTELLE, et quand nous avions le COLLIER, nous criions COMME DES SOURDS.

Mais nous le laissons mettre par orgueil, pour ne pas nous faire des concessions réciproques !

J'ai vu que l'éducation *politique* n'était encore qu'à l'état d'enfance chez beaucoup *de français*, parce qu'ils sont trop indifférents et ne s'occupent pas assez *de leurs affaires.*

J'AI TACHÉ, autant que j'ai pu, d'éviter tous ces écueils sur ma route, je n'ai pas pu faire un saint, mais j'ai mis en réserve pour le laisser *en héritage à mes enfants.*

Comme la fourmi, je me suis gardé une poire pour *la soif*; comme certain philosophe :

> *Ma vie privée est une maison de verre.*
> *Ma vie commerciale l'honneur.*
> *Si j'entre dans la politique, j'aspire à la considération !*

JUGEZ-MOI !!

Comte de Chambord, vous me connaissez, si vous veniez à être roi, vous ne me feriez pas *emprisonner comme votre ennemi*, vous avez trop bon cœur, je vous en crois incapable ! TOUCHONS-NOUS LA MAIN !

J'espère, sous peu, vous entretenir du meilleur gouvernement, d'un gouvernement MODÈLE, que l'on peut créer sans secousse, avec de la VOLONTÉ seulement et de L'UNION ; ce qui n'est pas impossible, quoi qu'on en dise !

SANS UTOPIE, NI RÉACTION, en ne faisant pas *de saint-simonisme* comme en 1830, *de cabetisme ou de phalanstère* comme en 1848: *trois vieilles défroques, surannées, bonnes pour les enfants.*

SANS TUTEUR, IL NE FAUT PLUS DE MAITRES.

FAITES DES HOMMES, DES HOMMES, ET ENCORE DES HOMMES ; FAIRE UN ÉVANGILE POLITIQUE ET L'OBSERVER, TOUT EST LA.

Je dirai ma pensée entière à tous *les partis !*

Je ne flatterai personne, encore moins *le peuple,* d'où je *sors !!*

Au revoir, Comte, *à bientôt,* j'ai l'honneur de vous présenter mes respectueuses salutations.

Un Lyonnais qui signe Brutus.

A MES CONCITOYENS,

Je considère la brochure que je livre à l'appréciation du public, comme une OEUVRE PIE, comme le titre le porte. c'est le cri de conscience d'un HONNÈTE HOMME.

Vous reconnaîtrez que ma pensée a été *très-libre* et qu'à VOL D'OISEAU *j'ai dit, je crois, la vérité à tous mes personnages.*

J'ai voulu rallier, s'il est possible, tous les dissidents au *drapeau de la France,* qui est le drapeau TRICOLORE et pour parodier le manifeste de celui à qui j'adresse mon étude : *Entre vous et moi, il ne doit subsister ni malentendu, ni arrière-pensée !*

Non ! nous ne laisserons pas arracher de nos mains l'étendard aux trois couleurs, qui a fait le tour de l'EUROPE, VICTORIEUX et qui, quoique avec un CRÊPE, aujourd'hui, n'en a pas moins sa VALEUR et l'a prouvé dernièrement A PARIS !

S'IL A ÉTÉ VAINCU, c'est qu'il a été entre les mains d'un **ANE** au lieu d'un AIGLE ! Nous ne sommes pas *humiliés,* l'histoire *l'atteste,* il y a encore beaucoup à notre *avoir !*

Gardons-le CE DRAPEAU qui unit tous les partis dans

une même famille ; et puisque HENRI V *veut imiter les communards de Paris*, qui pensaient qu'en démolissant LA COLONNE *ils déferaient la gloire du premier Empire* (ne parlons pas de ses défauts), laissons le faire, ce n'est encore, on le voit, qu'un NAIN *en politique*, tournons-lui le DOS et faisons son oraison funèbre : *RESQUIESCAT IN PACE. AMEN !*

C'EST UN LYONNAIS QUI JETTE LE CRI D'ALARME. QU'ON SE LE DISE !!

Si ces pages, qui, à défaut de fleurs de RÉTHORIQUE, ont pour base le langage de LA VÉRITÉ, sont estimées par vous, je serais heureux, je continuerais, après avoir, une partie de ma vie, rempli envers les miens, mes devoirs DE FAMILLE.

Je donnerais volontiers le reste de mon *existence*, qui peut être de longue durée, (car j'ai bon pied, bon œil ! Dieu merci !) A SERVIR MON PAYS !

J'aurai la satisfaction au fond de mon CŒUR, d'avoir fait mon devoir, ce qui sera ma plus belle RÉCOMPENSE.

Comme je vous connais et que vous n'êtes pas tous des PRINCES, je ne prends pas tant de détours et je signe :

UN GONE DE SAINT-GEORGES.

Lyon, impr. Schneider frères, quai de l'Hôpital, 12.

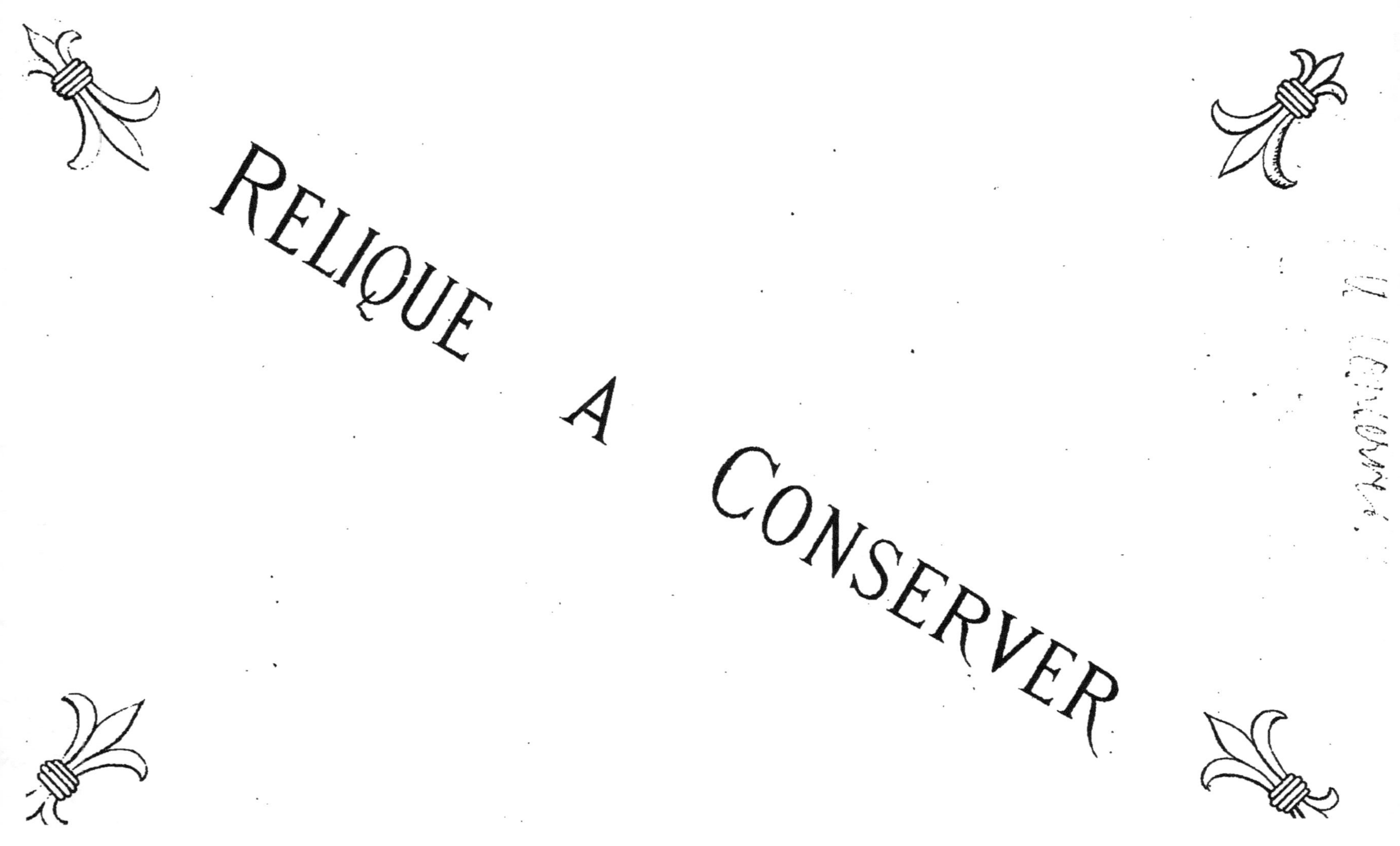
RELIQUE A CONSERVER

9 782013 260220